印象 山水桂林

THE PRESTIGIOUS LANDSCQPE

秦伟摄影

广西美术出版社

漓江渔民
Fishman on the Li River
灕江の漁師
Fischer auf dem Li-Flub
Les pecheurs
La nebbia delle cime

漓江泛舟
Boating on the Li River
灕江での船遊び
Bootfahrt über dem Li-Fluss
Bâteau dans Rivière Li
Bizarr geformte Gipfel im Morg

烟雨漓江
The Li River in the misty rain
霧雨の灕江
Der Lijiang- Flussim Dunst
La rivière Lijiang est couverte d` un voile de brume
La nebbia delle cime

青山绿水画意浓
Profound painting of green mountain and blue water
画意に溢れた青山と碧水
Bildliche grüne Berge und klares
Wasser Montagne et de l`eau comme la peinture
Bizarr geformte Gipfel im Morg

漓江印象
A photographer`s Impression of the Li River
灕江の印象
Der grosse Eindruck vom Lijiang-Fluss
Impression de la rivière Lijiang
La nebbia delle cime

雾锁群山
Peaks enshrouded in fog
霧は群山を縛ゐ
Die vom Nebel vernuellten Berge
Les nuées montent en spirales dans la montagne
La nebbia delle cime

黄布晨韵
Daybreak over the Yellow Cloth Shoal
黄布の夜明け風雅
Morgendaemmerung bei Huangbu
Les premières lueurs de l' aube à Huangbu
Bizarr geformte Gipfel im Morg

渔家
Fisherman
漁家
Fischer
Pêcheur
La nebbia delle cime

牧
Herd
牧
Schafe hüten
Pâturage
Bizarr geformte Gipfel im Morg

漓江泛舟
Boating on the Li River
灕江での船遊び

Bootfahrt über dem Li-Fluss
Bâteau dans Rivière Li
Bizarr geformte Gipfel im Morg

山乡春色早
Spring comes earlier over the mountain village
山里の春早く立つ
Die Fruehlingslandschaft dommt frueh zum Bergdorf
Paysage printanier dans une contrée sillonnée
sillonnee de cours de montagne
La nebbia delle cime

奇峰春色
Grotesque peaks in colorful spring
奇峰の春景色
Phantastische Gipfel in der Fruehlingslanschaft
Paysage printanier de la montagne bizarre
Bizarr geformte Gipfel im Morg

九马画山
The nine horse Fresco
山
Neun pferde verschönen die Berge
Neuf chevals courants à la montagne
La nebbia delle cime

下龙胜景
Scenery in Xialong
下龍の優れた風景
Schönheit in Xialong
Paysage de Chialong
Bizarr geformte Gipfel im Morg

田园似锦
The Picturesque Country Scenery
田園風光

Borkat ähnliche Felder
Le pastoral
Bizarr geformte Gipfel im Morg

群峰倒影山浮水
Peaks cast their reflections on the water
峰峰の倒影は水に浮ぶ
Die Widerspiegelung der gruenen Berge im Wasser
Les reflets des montagnes dans la fleuve
La nebbia delle cime

群峰初晓
Early dawn among mountains
群峰の明け方
Berge im frühling
Matin dans les montagnes
La nebbia delle cime

阳朔遇龙桥
Yulong Bridge in Yangshuo
陽朔の遇竜橋

Yulong-Brücke, Yangshuo
Le pont Yulong à Yangshuo
Bizarr geformte Gipfel im Morg

渔樵耕播
A diligent Fishman
勤勉の漁師
Das Leben von dem Fischer
Pecher • abbatre • labourer • lire
La nebbia delle cime

黄布滩风光
Scenes at Yellow Ribbon Shoal
黄布灘の景色
Die landschaft am Gelbtuch-Strand
Les paysages de la Falaise Jaune
Bizarr geformte Gipfel im Morg

山乡春色早
Spring comes earlier over the mountain village
山里の春早く立つ
Die Fruehlingslandschaft dommt frueh zum Bergdorf
Paysage printanier dans une contrée sillonnée
sillonnee de cours de montagne
La nebbia delle cime

冬之韵
Winter rhyme
冬の綺麗な音聲
Paysage d`hiver
Die Winterlschaft
Bizarr geformte Gipfel im Morg

漓江之晨
The Li River in the Morning
灕江の朝

Der Li-Flub am Morgen
Le matin de la Rivière Li
Bizarr geformte Gipfel im Morg

鸟瞰漓江
A bird`s eye view of the Li River
漓江の鳥瞰
Der Lijiang- Fluss aus der Vogelschau
La rivière Lijiang à vol d`oiseau
La nebbia delle cime

破晓 Daybreak

暁 Morgendammerung I`aurore

骆驼山
Camel Hill
駱駝山

Die Vier Jahreszeiten vom
Kamel Berg lacolling de Chameau
Bizarr geformte Gipfel im Morg

矮岭冬霞
Winter rosy clouds in short hills
矮嶺の冬の霞

Bunte Wolken im Winter von Di
berg Colline Di en l`hiver
Bizarr geformte Gipfel im Morg

群峰夕照
Sunset over the Hills
夕日を浴びゐ群峰
Die Bergespitzen beim Sonnenuntergang
Les pics sous le coucher du soleil
La nebbia delle cime

田园诗韵
The idyllic scene of the countryside

田園の詩趣
Idylle

Paysage champêtre comme idylle
La nebbia delle cime

大圩古镇
Daxu Town
大古鎮
Der hoche berg unter dem Himmel und den Wolken
Bourg ancien de Daxu
La nebbia delle cime

古镇人家
The households in the ancient style town
古町の住民
Alte Dasse
Foyers de bourg ancien
Bizarr geformte Gipfel im Morg

春回大地
Spring is Coming
春の大地
Frühlingslandschaft
Au printemps
Bizarr geformte Gipfel im Morg

塔山秀色
Beautiful of Tashan
塔山の秀麗な景色
Mslerirische Landschaft von Turm-Berg
Montage du Tour

龙脊风光
Longji Scenery
龍脊の風光

Die landschaft von Longji
Les paysages du village Longji
La nebbia delle cime

瑞雪
Auspicious snow
瑞兆の雪
Rechtzeitiger Schnee
La neige bienfaisante
Bizarr geformte Gipfel im Morg

金坑梯田
Jinkeng Terraced Fields
金坑の段ヌ畑
Terrassenfelder in Jinkeng
Le rizieres en terrasse de Jinken
Bizarr geformte Gipfel im Morg

图书在版编目（CIP）数据

印象山水/秦伟摄.——南宁：广西美术出版社，2006
ISBN 7－80674－810－5

Ⅰ.印…　Ⅱ.秦…　Ⅲ.①风光摄影－中国－现代－摄影集②桂林市－摄影集　Ⅳ.J424

中国版本图书馆CIP数据核字（2006）第002294号

印象山水
The Prestigious Landscape
摄　　影：秦伟
出版发行：广西美术出版社
（南宁市望园路9号　邮编530022）
责任编辑：伍迁
翻　　译：刘建华、杨静、陆跃宁、陈志军
装帧设计：林洪
印　　刷：桂林澳群彩印有限公司
开　　本：889×1194　1/16
印　　张：6印张
字　　数：8千字
版　　次：2007年4月第1版
印　　次：2007年4月第1次印刷
书　　号：ISBN 7-80674-810-5/J·611
005000（全二册）

本书如出现印装质量问题，请直接向承印厂调换